RÉCLAMATIONS

DU MODERNE

PROMÉTHÉE,

A TOUS LES DISTRICTS.

1790.

RÉCLAMATIONS

Du moderne Prométhée,

A TOUS LES DISTRICTS.

CITOYENS FRANÇOIS, frémiffez.....& s'il eft un fentiment au-deffus du frémiffement encore, vous pouvez vous y livrer fans crainte de vous égarer....

C'eft à vos cœurs, Meffieurs, que le mortel le plus fouffrant, le plus opprimé, qui ait exifté depuis la création, vient faire entendre un cri lamentable.....

Vous folliciter, ce feroit douter en quelque forte de votre fenfibilité : l'idée de més fouffrances, l'hiftoire incroyable, de l'incroyable martyre que j'endure depuis 22 ans, vous preffe démettre un vœu qui appuye auprès des Légiflateurs de la Nation une demande conforme à vos principes & que je forme au nom de la juftice & de l'humanité.

Vingt-deux ans de ma vie paffés dans des cachots, enchaîné par tous les membres, demandant envain par les cris les plus affreux, juftice....juftice...ou la mort....fans pouvoir obtenir ni l'une, ni l'autre !....

C'eft après fix ans que ma liberté a été accordée,

A

c'eſt après avoir paſſé ces ſix années enchaîné par tous les membres dans un cachot, condamné à y mourir ; c'eſt le 24 Janvier dernier, que par le plus affreux complot, lorſque mes féroces ennemis ont reconnu que toutes leurs révoltes étoient inutiles, qu'il falloit enfin que je fuſſe mis en liberté, c'eſt le jour que ma famille, trop malheureuſe, trop calomniée, s'eſt rendue à Paris pour m'apporter cette liberté, qu'un Lieutenant de Robbe-Courte, le ſieur Fortin, plein de rage & de colère, eſt venu à Bicêtre accompagné de 12 Cavaliers, m'a fait garotter & charger de fers avec une brutalité dont il eſt impoſſible de trouver d'exemple, & m'a transféré à la Conciergerie, où il m'a mis entre les mains d'un homme....non ce n'eſt point un homme....le Concierge Hubert eſt un monſtre que je vous dénonce ; Meſſieurs, que je dénonce à toute la Nation, que je voue à l'exécration publique.

J'ai eu beau repréſenter à Hubert qu'il y avoit ſix ans que ma liberté avoit été accordée, que je n'étois plus priſonnier de droit depuis 6 ans, qu'il y avoit 22 ans que j'étois dans des cachots ; j'ai eu beau lui repréſenter que je n'avois pas demandé à venir à la Conciergerie, où je n'avois aucun procès depuis que ma liberté m'a été accordée, & l'aſſurance que m'a donnée M. le Préſident de Fleury, il y a 7 ans, que mes affaires ne regardoient plus le Parlement qui les avoient remiſes entre les mains de M. le Noir, mais à être transféré au Châtelet, pour me plaindre d'une révolte contre les ordres qui

m'ont accordé ma liberté ; j'ai eu beau demander
à être traduit fur-le-champ à la chambre, pour être
entendu , demander M. le Procureur général ou un
de fes Subftituts ; j'ai eu beau lui repréfenter que
j'étois malade , protefter contre la violence , demander à dépofer ma proteftation fur fes regiftres, en
préfence du fieur Archier fon ami & peut-être fon
complice ; j'ai eu beau lui dire qu'il feroit refpon-
fable de fa conduite , lui repréfenter que le Parlement accordoit toujours le préau à un accufé quel-
conque qui obtenoit un furfis , même de 3 mois,
que par conféquent après avoir paffé 22 ans dans
des cachots , fans avoir pu obtenir un jugement,
n'étant coupable d'aucun crime , lorfque ma liberté
m'a été accordé il y a 6 ans pour la fixième fois,
fans avoir pu en jouir , il n'avoit pas le droit de
me jetter dans fes cachots....toutes mes repréfenta-
tions furent inutiles....Ce monftre exécrable m'avoit
déja vendu à mes ennemis , tous les préparatifs
étoient faits pour me faire tomber fous le glaive de
la juftice , & m'ôter tous les moyens de me défendre ,
m'empêcher de communiquer avec mes amis & mes
confeils , & confommer fur moi l'affaffinat prémédité
depuis tant d'années.

Qu'elle fut la douleur , quel fut le défefpoir
d'une famille qui venoit fi tendrement me recevoir
dans fes bras, m'apporter ma liberté , d'apprendre
que le même jour qu'elle venoit pour me rappeller
dans fon fein , d'où j'étois éloigné depuis 22 ans ,
les adminiftrateurs de l'Hôpital général & les

économes de Bicêtre , après avoir éludé le Tribunal du Châtelet où j'étois leur accusateur , comme Néron éludoit les approches d'Athènes , où les Euménides avoient un temple , avoient pris des arrangemens avec le concierge Hubert , pour me jetter dans le plus infect de ses cachots , & former une cabale pour obtenir du Parlement un arrêt de mort contre moi.

Cette famille qui m'est si chère , dont les chagrins font mon plus cruel supplice , ma famille affligée se transporte aussi-tôt à la conciergerie , parle à Hubert , s'occupe d'abord de mes besoins , il est malade.....il est au cachot.....(c'étoit dans le mois de Janvier dernier)....Voilà de l'argent ; nous voulons qu'on lui donne des secours.....Quand on est au cachot, a répondu cet énergumène, on n'a besoin de rien....Hélas ! on n'a besoin de rien dans un cachot !.....& je n'y ai vécu qu'avec un pain noir !.... Qu'on lui donne au moins une bouteille de vin tous les jours,...(ma famille ignoroit que je n'en ai jamais bu de ma vie) Elle se retira , le chagrin & le désespoir dans le cœur, sans pouvoir obtenir la grace de me parler.

Dès le premier jour , en négociateur plus habile que les économes & les administrateurs de Bicêtre qui ont mis six mois à soulever toute cette infâme maison contre moi, Hubert a soulevé toute sa prison , tout le peuple qui environne le Palais ; aussi-tôt mille voix, mille monstres n'ont cessé de crier nuit & jour à mes oreilles : il faut qu'il périsse, il faut qu'il meure, son affaire est faite, il ne faut pas le laisser monter à la chambre ; s'il monte il faut l'assassiner en descendant.....Ce supplice a duré deux mois, j'ai entendu mille fois ces cris forcenés sortir de la bouche de l'infâme Concierge.....& ce monstre existe encore !......

Le quatrieme jour on m'a fait monter à la chambre pour me donner un Conseil. J'ai demandé MM. Giroust & de Bonnieres ; le premier, comme mieux instruit de mes affaires depuis 10 ans.... Le second plus connu par sa vertu incorruptible, ses talens distingués, & l'habitude des succès. Eh ! c'est le Ciel qui m'a inspiré dans ce choix !.. J'ai pris la parole... Voilà 22 ans que je suis en prison. Je viens de passer 12 ans chargé de fers dans les cachots de Bicêtre... Est-ce la loi, ou le despotisme qui me tiennent enchaîné ? Si c'est le despotisme, c'est à la loi à me venger du despotisme ; si c'est la loi, combien n'ai-je pas à me plaindre de ses ministres ? ... L'auditoire a frémi... Il y a six ans que ma liberté m'a été offerte & accordée, avec la promesse d'être officier dans la légion de Luxembourg... Je crois venir demander ma liberté, qui m'a été accordée, & je suis investi d'un procès criminel !.. Je demande au moins à la Cour, qu'elle me fasse grace des cachots, que ma santé ne me permet pas de supporter, & qui font d'ailleurs un obstacle à ma défense... Le Président de la chambre m'a dit qu'on verroit cela... Et je me suis retiré.

(6)

L'apparition d'un être palpitant encore , forti
du tombeau où je venois d'être enfeveli 22 ans ,
avoit remué toutes les ames , excepté celle d'Hubert , s'il en a....

Homme fenfible & compatiffant , magiftrat vertueux , dont le cœur n'eft point endurci aux cris
plaintifs de celui qui fouffre. ..... Pardonnez-moi
cette explofion de ma reconnoiffance . . . Permettez-
moi de vous nommer ici ; c'eft M. Amelot qui a re-
préfenté à la Cour combien j'étois malheureux....
& lui a fait fentir la neceffité de m'accorder le préau,
pour que je puiffe au moins me défendre. Hubert ,
c'eft l'infâme Hubert qui ne me connoiffoit point ,
qui s'y eft oppofé, en me repréfentant comme un
homme capable de foulever toute fa prifon....Et
c'eft ce monftre qui a réellement foulevé toute fa
prifon & le peuple des environs contre moi !....
L'oppofition du cruel Concierge a prévalu fur l'in-
vitation touchante du magiftrat fenfible & jufte.

L'humanité , la vertu & la probité , font-elles
donc des vertus incompatibles avec la place d'un
Concierge ? Ne diroit-on pas , qu'accoutumé à ref-
pirer l'atmofphère du crime , le crime foit devenu
une vertu dans cette ame cadavéreufe (1) ?

Ce fycophante ne s'eft plus occupé qu'à préve-

---

(1) On doit excepter un Concierge de cette claffe.
Mais on n'en connoît qu'un feul. M. Watrin, Concierge du Châtelet, dont on n'entend parler qu'avec
éloge.

nir contre moi mes juges, à égarer leur religion, à détourner le zele de mes confeils, & me perdre dans leur efprit; il à réuffi auprès de M. Girouft, qui depuis qu'il m'a été donné pour confeil, ne m'a accordé que deux minutes d'entretien, pour me reprocher des propos injurieux que le concierge m'avoit attribué méchamment, & auxquels je n'avois point de part.

Ma famille, mes amis, mes protecteurs, fe font préfentés inutilement pour me voir & me confoler; ils ont tous été rebutés avec infolence. Il ne m'a pas même permis de voir les juges lorfqu'ils ont vifité les prifonniers des cachots, pour leur demander s'ils n'ont pas des plaintes à porter contre le Concierge.

Voilà comme s'y prend cet homme abominable, lorfqu'il eft payé pour faire condamner à mort un malheureux, quelqu'innocent qu'il foit; qu'on juge s'il m'étoit poffible de me défendre!

J'ai envain demandé la permiffion d'écrire à M. le procureur-général, j'ai envain demandé à parler à un de fes fubftituts, j'ai envain demandé la liberté d'écrire, au moins à mes confeils; j'ai inutilement demandé la communication du procès, dont le greffier eft obligé, par les décrets de l'Affemblée Nationale, de donner une copie à l'accufé (1), Hu-

____

(1) M. le Préfident Pelletier vient de m'écrire que la totalité du procès doit m'avoir eté communiqué; on a trompé ce magiftrat; le fait eft faux, le greffier me refufe encore cette communication néceffaire.

bert m'a refufé tout ce que j'avois le droit d'exi-
ger... Et je ne paffois pas un feul jour fans lui
entendre dire à mes oreilles... Il faut qu'il meure,
car cette affaire là couperoit le cou à tout le monde...
Ce n'eft pas fans doute une preuve de l'innocence de
tous ces cous qui ont fi peur d'être coupés !

Deux hommes, infiniment recommandables par
leur vertu, leur amour pour la juftice & l'humanité, deux hommes chéris de la Nation, & bien
chers aux malheureux, ont enfin brifé la barriere
infurmontable que ce vil concierge avoit élevé entre mes amis & moi... Ce magiftrat integre &
fi laborieux, l'étonnant M. Manuel, adminiftrateur
de police, favoit encore économifer quelques inf-
tans fur fes pénibles occupations pour venir effuyer
mes larmes & me confoler... m'exhorter à prendre
courage, dans les momens que mon vil bourreau
me portoit au plus affreux défefpoir... L'opinion
publique eft pour vous, le public vous demande,
le public veut vous voir, le public vous attend...
Combien devoient être confolantes ces paroles, &
fur-tout dans la bouche du vertueux M. Manuel !...
Mais Hubert n'en répétoit pas moins tous les jours...
Il a beau faire, il faut qu'il meure...

Un de ces faints Curés députés à l'Affemblée
Nationale, mon compatriote & mon ancien compa-
gnon de collége, ardent patriote, ami tendre &
zélé, partageoit les foins de M. Manuel, & me
donnoit les mêmes confolations, mais je ne pouvois
les voir & leur parler, je n'ai pu parler à M. de
Bonnières

Bonnieres mon conseil qu'en présence de mon bourreau, de l'exécrable Hubert, qui alloit rapporter à mes ennemis tous les épanchemens de mon cœur, & tous mes moyens de défense pour en empêcher l'effet.

Voilà pourquoi Hubert s'est opposé à ce que la Chambre des Vacations m'accordât le préau, afin de se rendre le maître de sa victime... & m'immoler plus sûrement à mes coupables ennemis. Qui se seroit jamais douté qu'un vil geolier se mêlât d'être aussi despote ?

Tant il est vrai qu'un accusé dans les mains d'un concierge, fût-il un parricide, un monstre, s'il est protégé par son geolier, il est toujours assuré de tromper la loi, & d'être dérobé à la justice.... Mais celui qui est assez malheureux pour avoir un concierge pour ennemi, son innocence, fût-elle aussi pure que celle des Anges, il faut qu'il périsse, & on en est quitte pour le faire passer dans le public pour un monstre.

Mais ce qui est le comble de la scélératesse humaine, c'est que pendant que l'hypocrite Hubert me torturoit ainsi dans ses cachots, Hagnon, & Eschard, économes de Bicêtre, ses complices, & le chirurgien Cullerier, & les administrateurs des hopitaux, étoient occupés à me torturer d'une autre maniere dans le public.

Je n'ai rien écrit, rien imprimé depuis douze ans, que je ne l'eusse signé. Parce que je n'écris que ce qui est vrai, ce que je suis en état de prou

ver. Etant fous la clef des adminiſtrateurs & des
économes de Bicêtre, j'ai eu le courage, malgré
la certitude des cachots, de la mort & des poifons, de dénoncer à la vengeance des loix & à
l'indignation publique, les adminiſtrateurs & les
économes; ils m'ont aſſaſſiné? ils n'ont pas oſé
me répondre autrement; ils ont éludé touş les tri-
bunaux d'information, & ils ont attendu que je
fuſſe dans les cachots du concierge Hubert; ils ont
faiſi ce moment ſi critique, où j'avois tant béſoin
de me concilier mes juges & l'opinion publique;
ils ont profité de l'état de ſouffrance & d'anéan-
tiſſement où eſt un malheureux dans un cachot,
pour publier un libelle infâme, qu'ils ont eu la
lâcheté de ne pas ſigner, un recueil de calomnies
d'uſage, ridicules, abſurdes, où ils n'ont pas même
reſpecté la vertu de M. Manuel, de cet homme ad-
miré, qui s'eſt ſacrifié tout entier, avec la plus
héroïque généroſité, au ſervice du public, ſans ſe
permettre une heure de repos depuis près d'un an,
& celle d'un des journaliſtes les plus patriotes,
qu'ils ont eſſayé envain de corrompre, & ſur la
voiture duquel on a tiré un coup de fuſil le jour
de Noël dernier, en ſortant de me viſiter à Bicêtre avec M. Manuel. Ils ont choiſi pour m'attaquer,
le moment où je ne pouvois pas leur répondre....
Et j'ignorerois qu'ils ſont les auteurs de ce monſ-
trueux libelle, ſi leur friponnerie, leur eſcroque-
rie ne les avoit décélés, s'ils n'avoient eu un procès
avec la Chave, leur imprimeur, pour les frais

d'impreſſion , que le ſous - économe Eſchard , caché ſous le nom d'Achêres , avoit imputé ſur le
compte de l'adminiſtrateur Deſyeux , ... qui avoit
promis de payer....

Voilà comme , après avoir paſſé pendant 22 ans
par toutes les filières de la barbarie humaine , j'étois réſervé à faire l'épreuve de celle du concierge
Hubert , dont on peut juger en ſuivant la gradation.

Hubert s'eſt oppoſé à ce qu'on me donnât le
préau , parce qu'il craignoit que je ſoulevaſſe toute
ſa priſon !.. Et c'eſt à Hubert , qui en un inſtant , a ſoulevé ſes priſonniers & le public contre
moi !... Qui a préparé la condamnation que je
n'aurois pû éviter , même après 22 ans de cachots ,
& ma liberté accordée depuis ſix ans , ſi l'Ange
du Ciel , M. de Bonnieres , que je n'ai pourtant pas
eu le tems d'éclairer ſur tous les faux dont la procédure eſt infectée , n'avoit rendu ſa bonne volonté
& tous ſes efforts inutils...

Vous n'ignorerez pas , citoyens , que juſtement
alarmé de ce qu'on m'a choiſi pour rapporteur ,
M. d'Outremont , fils d'un des adminiſtrateurs mes
ennemis & mes bourreaux , je lui ai écrit pour le
prier de ſe récuſer , que j'ai écrit à M. Paſquier , à
qui j'ai adreſſé ma requête à la chambre des vacations , pour demander un autre rapporteur , & que
ma demande n'a point été écoutée.

C'eſt alors que manquant d'encre , j'ai été forcé
dé tremper ma plume dans mes veines , & d'écrire

en caractères de fang , dans les ténèbres d'un cachot, fans pouvoir lire ce que j'écrivois , une lettre de 18 pages à l'incorruptible Obfervateur , à ce citoyen courageux qui m'a défendu avec tant de zèle , de chaleur & d'énergie , jufqu'à expofer fa vie & courir les rifques d'être affaffiné. C'eft à M. Manuel , qui ne me défavouera pas , que j'ai paffé furtivement mon paquet, pour M. Pafquier , & plufieurs lettres pour M. de Caftellanne , dont l'œil févere m'a fi bien fervi.

Enfin le jour du jugement eft venu. Je n'en ai été averti que la veille au foir par M. de Bonnières. Exténué par 22 ans de fouffrances , & le défaut d'alimens , j'ai encore eu le courage de paffer toute la nuit à préparer mon plaidoyer auquel je n'avois pas même penfé , ne pouvant pas m'imaginer que j'avois à défendre ma vie , lorfque je venois plein de confiance réclamer ma liberté qui m'a été accordée il y a fix ans..... mais l'impreffion de l'air, la vue de cet aftre que je ne connoiffoit plus , ont fait une trop forte impreffion fur tous mes organes ; mes idées étoient troublées, la refpiration & prefque la parole m'ont manqué ; je ne connoiffois point une affaire auffi éloignée.... J'ai répondu au hafard à des queftions auxquelles je ne m'attendois pas..... & cependant il s'agiffoit de ma vie !.....& ce qui m'eft plus cher encore, de l'honneur d'une famille nombreufe & refpectable !..... Hubert !.....Hubert !.. les monftres feront-ils toujours impunis ?..... (1).

____

(1) Le Concierge Hubert n'a pas fait fur moi

J'ai eû beau prouver , démontrer que mes affaires ne regardoient plus le Parlement , que M. le Président de Fleuri me l'avoit assuré ; j'ai eu beau réclamer la liberté qui m'a été accordée il y a six ans, me plaindre d'un faux ordre de M. le Procureur-

---

son coup d'essai.. Une foule de plaintes inutiles ont été portées contre lui à M. le Procureur-général..... Un vieillard nommé la Haire , natif des environs de Reims en Champagne , portant sur ses traits l'empreinte de la vertu & de la probité , étoit prisonnier à la Conciergerie , où il a confié à Hubert un contrat de rentes sur les tontines , payable à l'Hôtel-de-Ville ; Hubert a touché 100 livres..... on croiroit peut-être qu'Hubert auroit gardé 4 livres pour son déplacement....,point du tout. Hubert a donné 4 livres au pauvre la Haire , & a gardé 4 louis d'or. Quelque temps après , le Parlement a envoyé ce pauvre homme à Bicêtre.....Avant de partir , la Haire a demandé son argent.....Hubert a fait dire, qu'il n'y étoit pas..... Arrivé à Bicêtre, la Haire lui a écrit. Hubert a fait répondre qu'il lui enverroit son argent. Au bout de six mois., la Haire , au pain & à l'eau , d'un très-grand appétit , ne pouvant pas se passer de tabac que j'étois obligé de lui fournir , m'a prié d'écrire une lettre honnête à Hubert pour lui exposer sa situation & lui demander son argent... Hubert lui a fait dire d'aller se faire f..... qu'il n'avoit rien à lui..,..La Haire a un contrat de 40 écus....ce qui est une fortune pour lui.....Je l'ai engagé à faire toucher les arrérages qui lui sont dûs .... A qui , Monsieur , voulez-vous que je me confie , si je ne puis me confier à un Concierge ?-- On punit ceux qui volent des gens riches.....que fera-t-on à celui qui vole son prisonnier, qui vole un pauvre ?... AB UNC DISCITE OMNES, La Haire est à Bicêtre.----On peut le voir.

général , d'une fauffe lettre-de-cachet ; j'ai eu beau repréfenter que le fieur Marmottant , ancien fubdélégué de l'Intendant de Paris, avoit été envoyé à Bicêtre avec 100 Grenadiers Royaux , commandés par le fieur Lebas pour me mettre en liberté , & qu'apres 15 jours de ftation , ils s'étoient retirés fans me voir ni me parler ; j'ai eu beau demander aux juges , qu'avant faire droit fur la Sentence de ceux d'Angers ; contre laquelle je ne pouvois pas me défendre , puifqu'on ne me l'avoit pas communiquée , je fuffe transféré devant les Juges du Châtelet, pour y être informé fi ma liberté ne m'a pas été accordée , il y a fix ans , & rechercher les caufes qui m'ont fait condamner à mort , enchaîné par tous les membres dans les cachots de Bicêtre , au lieu d'être mis en liberté.....Sous ma réferve, étant libre , de m'inftruire de cette affaire & me pourvoir contre la Sentence d'Angers.....Que rifquoit le Parlement ?.... je ne fortois pas de prifon , jufqu'à ce qu'il fût prouvé que ma liberté m'a été accordée... en fourniffant les preuves de l'exiftence de ma liberté, le Parlement ne rifquoit-il pas , en fuivant les conclufions du Procureur-général , adminiftrateur des Hôpitaux , de condamner à mort un Citoyen, libre de droit depuis fix ans ! Cependant une demande auffi prudente , auffi conforme à la juftice & à l'humanité , a été étouffée comme toutes mes autres réclamations..... Le crime de mes ennemis eft impuni, & j'ai été jugé à un plus amplement informé d'un an ?(1)..... Jugez par-là, Citoyens, combien un accusé eſt à plaindre, lorſqu'il n'a que la juſtice de ſon côté !.....

Après le jugement , Hubert m'a encore re-plongé dans ſes cachots, juſqu'à ce que le département de la police m'eût arraché des mains ſanglantes de ce tigre féroce, pour me faire transférer à l'Hôtel de la Force, où je ſuis encore priſonnier après avoir paſſé 22 ans de ma vie, chargé de fers, dans des cachots !.....

Vingt-deux ans de ma vie paſſés dans des cachots, enchaîné par tous les membres, ſans avoir pu obtenir un jugement juſqu'au 16 Mars dernier !....vingt-deux ans de captivité dans un tems de révolution, dans un moment deſtiné à réformer tous les abus !..... dans le plus beau jour qui ait jamais éclairé l'Empire François, dans le moment de la touchante cérémonie du pacte fédératif !.....& je ſuis encore priſonnier ;... dans le ſein de la capitale.....ſous vos yeux, ſous les yeux de la majeſtueuſe Aſſemblée des Repréſen-tans de la Nation !....

Vous voyez, Citoyens, comme toutes mes plaintes

----

(1) Le Parlement pouvoit-il me juger ? non : il en avoit perdu le droit, parce qu'il ne pouvoit pas me trouver innocent ſans convenir qu'il ne l'étoit pas de m'avoir fait ſouffrir 14 ans dans des cachots ſans me juger. C'eſt à tous ceux dont l'ame n'eſt pas paraliſée à juger cette queſtion. Il ne pouvoit plus d'ailleurs y avoir de décret contre moi comme je le prouverai.

font étouffées, tous les crimes de mes ennemis impunis, légalifés même par l'arrêt du Parlement du 16 Mars dernier, qui m'a jugé à paffer encore en prifon cette année à jamais mémorable & l'époque heureufe de la plus heureufe révolution ! .....Le facrifice de cette année n'eft-il pas plus cher pour moi que celui de dix autres ! Le Parlement veut que je lui pardonne 14 ans confécutifs de cachots fans vouloir me juger, & ne veut pas me faire grace d'une année d'information de plus !.....

Ma liberté a été accordée depuis fix ans.. Je me condamne moi-même à expirer dans les cachots, fi je n'en fournis pas mille témoins.....malgré l'affertion contraire de M. le Garde-des-Sceaux & de M. de Saint-Prieft...l'économe Hagnon en èft convenu lui-même devant M. Manuel & fix citoyens ou citoyennes de fes amis, & a donné pour défaite que fi je n'etois pas il y a fix ans Officier dans la Légion de Luxembourg, c'eft que je n'avois pas de cheveux fur la tête...comme fi l'on ne pouvoit pas être un bon Officier en perruque ! Comme fi je pouvois avoir aujourd'hui fur la tête les cheveux que j'ai perdus au cachot ! Et parce que je n'ai plus de cheveux fur la tête on m'a enchaîné pendant fix ans dans un cachot.. on m'y a condamné à mort, on a donné des ordres de me tuer, on m'a étranglé ; on m'a ouvert la tête....on m'a arraché la gorge, crévé l'eftomac, j'ai eu une jambe caffée.... Parce que je n'ai pas de cheveux fur la tête....& parce que je n'ai pas de cheveux fur la tête, le Parlement me fait un procès au bout de 22 ans. . . . . . . le Procureur général donne des conclusions de mort contre moi !... Citoyens qui avez le malheur d'être chauves, prenez garde à vous !....

Il y a six ans que je devrois être Officier dans la Légion de Luxembourg .... & je n'ai pas été mis en liberté, parce que je n'ai plus de cheveux fur la tête !.... j'ai été condamné à mort, j'ai été enchaîné par tous les membres dans le plus affreux cachot, j'ai fouffert un million de morts tous les jours depuis fix ans, parce que je n'ai pas de cheveux fur la tête. ..... Je n'ai pas vu le jour depuis fix ans...... Combien il eft donc dangereux de n'avoir pas de cheveux fur la tête !......

De quel crime fuis-je coupable depuis fix ans que ma liberté m'a été accordée ?.....car enfin elle m'a été accordée, j'y ai confenti. Je fuis la victime d'une révolte contre les ordres du Roi, dont l'exécution a été confiée à l'Infpecteur de Police Santerre, qui m'a vendu à mes ennemis. ...Je fuis citoyen libre de droit depuis fix ans. ... n'ai-je pas acheté ce titre affez cher? pour quel crime donc le Parlement m'a-t-il jugé après avoir refufé de le faire pendant tant d'années, lorfque fon devoir devoit l'y con- traindre, & qu'il en avoit le droit? dois-je être encore foumis à une loi qui a gardé un filence auffi coupable pendant 22 ans ? .... le feul crime qu'on punit en moi, & qu'on punit de mort, le feul dont je fuis véritablement coupable, dont j'aurois honte de me juftifier, eft d'avoir le premier eu le

courage de mettre au jour toutes les dilapidations,
toutes les déprédations, tous les vols & les brigan-
dages qui fe commettent impunément dans les hopitaux de Paris (1) .... mon zèle à défendre de
l'oppreffion fous laquelle gémiffent quarante mille
pauvres, m'a fait un million d'ennemis ; & je ferois
le feul prifonnier qui eut écrit contre les abus qui
fe commettent dans les hôpitaux & qui, n'eût pas
été puni de mort.....Tout le refte n'eft qu'un affreux
prétexte, un COMPENDIUM de calomnies puniffa-
bles.... une fenfibilité profonde & irréfiftible a fait
tout mon malheur.....

Ce font des adminiftrateurs, qui comme d'énormes
éponges, boivent les larmes & le fang de quarante
mille malheureux.....Ce font des adminiftrateurs def-
potes dans toute l'étendue de leur reffort, qui me perfé-
cutent ou qui me calomnient avec cet acharnement
depuis 12 ans...Et ces hommes corrompus ont encore
la fuprême influence fur les Communes de Paris, fur
l'efprit de M. le Maire. ...Gardez-vous, ô citoyens,
de toutes ces langues vénimeufes. ...

Les perfonnages les plus recommandables par
leur vertu, les plus diftingués par leurs talens,
ont eu beau s'intéreffer à mon fort..... leurs zele
s'eft refroidi au premier entretien qu'ils ont eu
avec le fieur Hagnon.

---

(1) Voyez Bicêtre réformé, chez Garnery.
Libraire, rue Serpente.

Ne diroit-on pas que tous les crimes pourfuivis, enchaînés dans les prifons de Bicêtre , foient forcés de fe réfugier , de chercher un afyle dans le cœur d'un économe, & qu'ils n'en fortent que par une fueur, une tranfpiration méphitique & peftilentielle , qui gâte & corrompt bientôt tous ceux qui les approchent ? . . . .

Je fuis calomnié dans les fociétés , dans les clubs, dans les bureaux , dans tous les endroits publics. . . . Pour vous affurer , ô citoyens , de la vérité des faits dont vous pourriez douter, avant d'ajouter foi aux calomnies que des monftres vomiffent contre moi , je fuis vifible , . . . à toute heure de la journée. . . Ne craignez pas de vifiter un malheureux ; feriez vous affez avares de vos larmes pour craindre d'en répandre quelques-unes ? . . . Parlez-moi , interrogez-moi , dénoncez-moi tous ces monftres exécrables , qui ne frémiffent pas de calomnier un malheureux dans les fers. . . .

Envain , dirons des gens mal-intentionnés , que l'Affemblée Nationale ne peut point s'occuper d'une affaire particuliere. . . Dites-leur , & ne ceffez de leur crier , que ma caufe ne peut être regardée comme une affaire particuliere , que chez un peuple de Cannibales. . . . Mais que chez une nation fenfible & généreufe, elle eft celle de tous les citoyens... intéreffés d'ailleurs à pourfuivre la réforme de tous les abus dont je fuis la victime.

Je demande ma liberté , au moins provifoire , en donnant caution de me repréfenter lors du jugement

befoin qu'a mon cœur de jouir du bonheur public ,
m'impofent celui de ma liberté , dont je jouirois il y
a 14 ans , fi mes juges avoient été juftes.

En vain m'oppofera-t-on le nouveau régime. . . .
Une révolte , un affaffinat , des poifons , 22 ans de
cachots , qui auroient été punis par des juges équita-
bles , fous l'ancien régime ; ne fauroient être légalifés
fous le nouveau.

Après ce tableau affreux , il eft confolant pour moi ,
de parler de la femme forte , qui feule & fans confeil , m'a fauvé des mains de mes infâmes tortureurs.
Le zele infatigable de madame Thomas & de fon
mari , leur courage étonnant dans une lutte auffi ine-
gale contre mes redoutables ennemis , leur fuccès ,
plus étonnant encore , font au-deffus de mes expref-
fions & de mes moyens de reconnoiffance. C'eft cette
femme vertueufe , déja connue dans le public , qui ,
depuis près de 4 ans , a fait pendant la pluie , la
neige , le froid exceffif des hivers , jufqu'à quatre
fois par femaine , le voyage du Gros-caillou , où elle
demeure , à Bicêtre , pour fe charger de mes lettres & mémoires. . . . . C'eft cette femme unique ,
qui , au péril de fa liberté & de fa vie , fans d'autre impulfion que celle de fon cœur , fans d'autre
confeil que fon courage , fon humanité & fa vertu ,
a follicité auprès du Roi , des Miniftres & des Ma-
giftrats , ma liberté , qu'elle a obtenue , & dont je
ne jouis pas. . . . . C'eft cette femme furprenante &
fi digne d'admiration , que les barbares économes
de Bicêtre ont mis en prifon , pour avoir été foup-

çonnée de porter mes lettres ; qui auroit péri à l'hôpital , fi on lui en avoit trouvé. ... C'eft cette femme
fi vertueufe , que le concierge Hubert a rebutée,
repouffée avec une barbarie que je ne puis expri-
mer , lorfqu'elle venoit faire quelques efforts pour
me voir. C'eft elle qui me nourrit aujourd'hui &
qui pourvoit à mes befoins. Marchez , ma femme ,
marchez tous les jours ; ne vous laffez pas de folliciter pour ce pauvre malheureux , jufqu'à ce que vous
l'ayez délivré , je travaillerai pour vous nourrir , ainfi
que mes enfans , . ., lui dit tous les jours fon mari....

Citoyens , je vous conjure de recommander madame Thomas à l'Académie Françoife , pour le
prix de la vertu qu'elle a fi bien mérité... Je
fais bien celui qu'elle défire. . . C'eft la liberté de fon
client .... mais elle eft pauvre .... très-pauvre....
Je ne fuis pas riche , . . . & mon cœur fouffre...

MUSQUINET , ci-devant DE LA
PAGNE , actuellement à l'Hôtel
de la Force , ce 9 Juillet 1790.